Magia Cigana

Mãe Manu da Oxum

Sob supervisão e inspiração da

Cigana Íris

Magia Cigana

— INTRODUÇÃO AO —
culto ancestral

Rio de Janeiro
2023

Texto © Mãe Manu da Oxum, 2022
Direitos de publicação © Editora Aruanda, 2023

Direitos reservados e protegidos pela lei 9.610/1998.

Todos os direitos desta edição reservados a
Fundamentos de Axé
um selo da EDITORA ARUANDA EIRELI.

1ª reimpressão, 2024

Coordenação Editorial Aline Martins
Preparação Aline Martins
Revisão Editora Aruanda
Design editorial Sem Serifa
Ilustrações Mavi Maia | @vivoquadro
Fotografias Luiz Oliveira dos Santos Júnior
Impressão Gráfica JMV

Texto de acordo com as normas do Novo
Acordo Ortográfico da Língua Portuguesa
(Decreto Legislativo nº 54, de 1995)

Dados Internacionais de Catalogação na Publicação (CIP)
de acordo com ISBD
Bibliotecário Vagner Rodolfo da Silva CRB-8/9410

O98m   Oxum, Mãe Manu da
       Magia cigana: introdução ao culto ancestral / Mãe Manu da Oxum. – Rio de Janeiro, RJ: Fundamentos de Axé, 2023.
       128 p. ; 13,5cm x 20,8cm.

       ISBN 978-65-87708-16-4

       1. Religiões africanas. 2. Umbanda. 3. Não-ficção religiosa. 4. Povos ciganos. I. Título.

                                              CDD 299.6
2023-1856   CDD 299.6

Índice para catálogo sistemático:

1. Religiões africanas 299.6
2. Religiões africanas 299.6

[2024]
IMPRESSO NO BRASIL
https://editoraaruanda.com.br
contato@editoraaruanda.com.br

Agradecimentos

Em primeiro lugar, agradeço à minha amada Cigana Íris, dona de meu destino, e, como homenagem, oferto a ela uma canção:

Noite de luar
(*Composição:* Mãe Manu da Oxum)

Era uma noite de luar,
a linda cigana vinha me encontrar.
"Menina, eu estava a lhe olhar...
Que tristeza é essa
que não a quer abandonar?
Venha aqui, eu leio a sua mão,
mude a sua sorte,
vá para outra direção."

[Refrão 2x]
Cigana veio me salvar,
me mostrar o destino,
me ajudar a caminhar.
Nunca mais eu ando sozinha,
pois linda cigana me ensina nessa vida.

Ouço as castanholas a tocar.
Vejo uma fogueira, como não me encantar?
Lenços e moedas a enfeitar!
Tocam seus pandeiros sob a luz do luar,
trazem Santa Sara em suas mãos.
Olho para eles, vejo tanta devoção.
Como posso não me apaixonar?
Salve sua estrela e força a emanar!

[Refrão 2x]
Cigana veio me salvar,
me mostrar o destino,
me ajudar a caminhar.
Nunca mais eu ando sozinha,
pois linda cigana me ensina nessa vida.

Minha gratidão, Cigana Íris!
Optchá!

Agradeço à minha grande ídola, meus braços e minhas pernas, minha guerreira da linha de frente, meu colo acolhedor, aquela que, nesta vida, a espiritualidade permitiu que eu chamasse de "mãe", Maria José de Faria Carvalho, nossa "Mizé", nossa "Vovózona".

Agradeço ao meu grande incentivador, que sempre acreditou em minha capacidade e que sempre me proibiu de duvidar de mim mesma. Obrigada, pai! Obrigada, Carlos Eduardo Mendonça de Carvalho! Apesar de o Alzheimer ter levado a sua memória, nosso amor permanece comigo.

Agradeço à minha sacerdotisa, Mãe Célia de Iansã, que sempre cuidou de minha espiritualidade e que sempre confiou, sem vaidade, em minha mediunidade.

Por fim, agradeço a Andreia Ventura, pelo apoio e orientação; ao comendador Rom André Almeida e ao Cigano Wladimir, pelos anos em que a Cigana Íris trabalhou em sua *tsara*, antes de ter a dela; e à Marcinha, que fez uma troca de facas comigo para que, juntas, alcançássemos nossos sonhos.

Sumário

Apresentação 17

1. **Espíritos ciganos** 23

   Ciganos do Oriente 26

   Os doze mandamentos ciganos 28

   Magia cigana 29

   Conexão com o espírito cigano 30

   Santa Sara Kali 31

   Oração a Santa Sara Kali 34

   Novena/benzimento cigano de Santa Sara Kali 35

   Religiosidade cigana 37

2. **Clãs ciganos** 43

   Clã dos Ciganos Dourados 43

   Clã das Ciganas do Amor 44

   Clã dos Ciganos Encantados 45

   Clã dos Ciganos de Cura 45

   Oração para os ciganos de cura 46

   Clã das Ciganas da Sorte 47

   Clã dos Ciganos Andarilhos 47

      Clã dos Ciganos Protetores 48
          Clã dos Ciganos Guardiões 48
          Clã dos Ciganos Beduínos 49
          Clã dos Ciganos Tuaregues 49
      Com a palavra, a Cigana Íris 50

3. Ciganos do Astral e as ordens vibracionais 57
      Ciganos-socorristas 57
      Ciganos de trabalho 58
      Ciganos-mestres 58
      Ciganos-mestres ascensionados 59

4. Formas de trabalho com os espíritos ciganos 63
      Como atrair seu cigano e/ou sua cigana 66

5. Vestimentas dos ciganos do Oriente 71

6. Como manipular a magia cigana 77
      Chás ciganos 78
          Para aumentar a imunidade 78
          Para ter imunidade 78
          Para acalmar 79
      Magias ciganas 79
          Cartomancia 80
          Quiromancia 81
          Borra de café 81
          Chama da vela 82
          Fumaça 82

   Taça com água e óleo (ou azeite) 82

   Bola de cristal 82

  Alinhamento dos chacras 83

   Como alinhar os chacras? 83

7. **Oferendas ao povo cigano do Oriente** **89**

  As fases da Lua e seus fundamentos para os ciganos .. 91

8. **Elementos de trabalho dos povos ciganos** .. **97**

  Rituais ciganos 98

   Ritual para atrair prosperidade 98

   Ritual para a saúde 99

   Ritual para manter a mente equilibrada 100

   Ritual para atrair um amor 101

   Ritual para dormir bem 104

   Ritual para afastar a negatividade 106

   Ritual para ampliar a clarividência 107

9. **Cerimoniais ciganos** **113**

  Benzimento 113

  Batismo 116

  Casamento 117

  Velório 119

10. **Ciganos contemporâneos** **123**

  Principais grupos ciganos 124

   Rom 124

   Sinti 124

   Calon 125

  Os ciganos contemporâneos no Brasil 125

Apresentação

Caros irmãos,

Sou grata pela oportunidade de poder compartilhar com vocês um pouco do que tive a honra de aprender ao longo dos anos. Agradeço ao espírito cigano que o(a) rege e pela confiança que você e ele me concedem.

Este livro fala de fé e devoção, e traz respostas e caminhos. Há tempos idealizo esta obra, pois, além de ser apaixonada pela cultura cigana, devo o meu destino à Cigana Íris e ao Cigano Wladimir. Por isso, nestas páginas, coloquei um pedacinho de minha alma e de minha intimidade espiritual, e espero que essa troca seja próspera para todos.

Eu não conseguiria expressar quão intensa é minha felicidade por dar às pessoas a oportunidade de praticar esta fé, independentemente de religião ou crença, e de poder apresentá-la àqueles que, porventura, ainda não creem em como Santa Sara Kali e como o povo cigano são agregadores e socorristas.

Com a publicação deste livro, pretendo quebrar alguns tabus, pois há tempos alguns amigos me questionam — e até insistem — o porquê de eu não produzir uma literatura que explanasse de forma descomplicada essa cultura que a cada ano arrasta mais adeptos e fiéis.

Trata-se de uma egrégora que busca elevar nossas almas e nos lembrar da responsabilidade de cada um diante das próprias atitudes. O povo cigano acredita que não há magia que modifique a colheita do mal plantado e, por isso, desconhece a palavra "vingança".

Além disso, é importante disseminar a lealdade ensinada e cobrada pela Cigana Íris: "Seja fiel a quem é fiel a você e jamais solte a mão de quem segurou a sua, mas não permita que o(a) façam de tapete".

Desejo que sua cigana e/ou seu cigano o(a) abençoem e o(a) guiem, assim como a minha faz!

Namastê!
Paz e luz em seus caminhos!

Espíritos ciganos

capítulo 1

Existe uma questão relacionada à origem étnica ancestral e à hereditariedade dos povos ciganos que precisa ser evidenciada: ninguém se torna cigano. A cultura cigana é uma coisa; o culto aos Ciganos do Astral é outra.

Atualmente, existem três grupos étnicos ciganos no Brasil: os calon, os rom e os sinti. Cada grupo possui língua e costumes próprios e, dentro de cada um, ainda é possível que existam subgrupos. Assim, o mais adequado é denominá-los de "povos ciganos".

Os primeiros registros da etnia cigana no Brasil datam de 1574, quando alguns ciganos chegaram deportados de Portugal. A partir de 1718, Minas Gerais se tornou o berço da cultura cigana, recebendo vários ciganos que tinham desembarcado na Bahia.

O Brasil é reconhecido por sua miscigenação e por ter sofrido a influência de diversas etnias que migraram para o território nacional e ajudaram a construir o que hoje consideramos "identidade brasileira". Muitas culturas ganharam destaque, mas outras sofreram apagamento, como é o caso da cultura cigana, que ajudou a moldar alguns aspectos da música, da dança e da culinária brasileiras. Na verdade, grande parte da presença cigana na cultura brasileira é interpretada como herança portuguesa.

Comidas tradicionais mineiras, como o feijão tropeiro, a galinhada e as carnes secas são típicas das culturas nômades. Observe que a carne suína, muito usada pelos mineiros, é a mais usada na culinária cigana.

Na música, influências ciganas podem ser notadas na moda de viola, por exemplo, no sertanejo e até no samba, pois existem relatos de que os ciganos também ajudaram na construção do ritmo mais nacional de todos.

Na dança, podemos citar a catira,[1] muito comum em Minas Gerais e em Goiás, na qual os participantes batem as botas e as mãos no ritmo da música. Ela é muito parecida com o flamenco e com a dança espanhola, que também têm origem cigana.

Também é possível que os povos ciganos tenham influenciado a tradicional "festa junina". É fácil perceber esse vestí-

---

[1] Dança folclórica coletiva típica do Brasil, também chamada cateretê. [Nota da Editora, daqui em diante NE]

gio quando observamos as roupas e as comidas típicas, muito parecidas com as que comumente são usadas nos casamentos ciganos.

A verdade é que o apagamento sociocultural dos povos ciganos precisa, de uma vez por todas, começar a ser reparado para que eles sejam incluídos na História do Brasil — nas escolas e nos livros —, rechaçando todo e qualquer discurso preconceituoso.

Os ciganos também são acometidos pelo racismo institucional e pelo estrutural, principalmente devido ao apagamento de sua correção moral e social. Ao usarmos, diariamente, trajes ciganos, ouvimos gracinhas e falas preconceituosas e somos vítimas de fetiches machistas ou taxados de "ricos", mas do tipo que só enriqueceu porque roubou. Portanto, esta reparação é um direito nosso, pela honra de nossos ancestrais.

O nomadismo, um dos pontos que nos ligam aos ciganos do Oriente, está cruelmente vinculado ao preconceito e ao racismo, pois muitos países proibiam a permanência de ciganos, daí as perseguições e as expulsões de determinados territórios. Em Portugal, até a década de 2000, existia uma lei proibindo os acampamentos ciganos de se instalarem e de permanecerem em um local por mais de três dias. Quando isso acontecia, o grupo era expulso. Que fique bem evidente que se trata de uma política social exclusiva. Na atualidade, apenas os ciganos que preservam esse nomadismo são itinerantes.

Ciganos do Oriente

Com a mentoria da Cigana Íris, ao longo deste livro, procuraremos esclarecer muitas dúvidas referentes à cultura dos Ciganos do Oriente do Astral, que é como são chamados os ciganos que alcançaram um nível espiritual elevado e que receberam a missão de ajudar a humanidade.

Indícios apontam que os povos ciganos têm origem na Índia e que os poderes desses povos vêm de épocas remotas, desde o Egito Antigo. A magia cigana está aliada à dedicação de suas peregrinações, juntamente com a força dos quatro elementos da natureza.

A Linha dos Ciganos do Oriente é formada, principalmente, por espíritos que trabalham como verdadeiros guardiões de nossos destinos, enaltecendo os processos de cura física e emocional e ajudando na prosperidade e no amor, tendo rituais para diversos fins. São profundos conhecedores de alquimia, astrologia, tarô, medicina oriental e várias vertentes do conhecimento milenar. São cheios de mistérios, com poderes ancestrais e conhecidos por lerem o futuro nas cartas e nas mãos.

No entanto, esse povo, apesar de prestativo, não compartilha os segredos místicos. Não é uma questão de egoísmo, mas de proteger grandes poderes e magias. Aqui, vale ressaltar dois pontos: os ciganos e as ciganas do Oriente somente trabalham com magia positiva/natural; e as línguas dos ciganos encarnados não possuem um alfabeto escrito, o que dificulta — e até impede — o registro desses segredos.

Existem poucos registros sobre os povos ciganos, mas devemos lembrar que se trata de um povo adepto ao ocultismo. Por isso, entendemos por que os médiuns e os apaixonados pelos espíritos ciganos do Oriente, muitas vezes, sentem-se perdidos. Existem diversas manifestações espalhadas por diferentes *tsaras*[2] e terreiros de Umbanda e de Candomblé, gerando dúvidas nos médiuns que, ao tentarem pesquisar sobre os costumes e gostos desses espíritos, se deparam com informações que não retratam os fatos. Lembre-se: os ciganos tinham o costume de passar os ensinamentos oralmente, de geração para geração, sem registrar os saberes escritos.

É importante compreender que, independentemente do nome com que os ciganos do Oriente se apresentam — embora alguns deles se repitam —, os espíritos podem ter origens distintas, além de tudo o que lhe diz respeito, como vocabulário, vestes e cores preferidas. Isso acontece porque não existe a possibilidade de eles permanecerem aprisionados, relacionando nomes iguais aos mesmos costumes e particularidades.

Vamos imaginar uma situação em que um médium que carrega o espírito do Cigano Wladimir recebe a orientação de que esse espírito prefere as cores marrom e dourado. Contudo, ao pesquisar sobre ele, se depara com informações inverídicas, declarando que esse espírito somente se agrada das cores verde e azul. Seguindo os ensinamentos da Cigana

---

2 No dialeto rom, significa "barraca". [NE]

Íris, desprenda-se dos rótulos! As *tsaras* não possuem tempo hábil para disseminar tais informações nem têm condições de propagar a verdade absoluta sobre os espíritos.

A magia cigana só pode ser usada para o bem, jamais para fazer o mal a alguém, e alguns conceitos são de extrema importância para a cultura cigana, como a saúde, o amor, a família e, principalmente, o casamento. Essa magia tem como bases Jesus Cristo — ou, como chamam, o Kristesko —, as forças da natureza, os deuses hindus e o primeiro mandamento cigano: "Amar a Deus acima de tudo e respeitar todos os santos".

Os doze mandamentos ciganos

I. Amar a Deus acima de tudo e respeitar todos os santos;
II. Respeitar a Semana Santa;
III. Respeitar todas as religiões e credos que elevam o nome de Deus, Nosso Pai;
IV. Ajudar-se mutuamente;
V. Amar e não desmerecer qualquer criança;
VI. Respeitar os idosos e não desprezar sua sabedoria;
VII. Não mostrar o corpo;
VIII. Não se prostituir;
IX. Manter a fidelidade entre os casais;
X. Não se envergonhar de sua origem;
XI. Não deixar de praticar o dom da adivinhação;
XII. Não trair seu povo.

Magia cigana

Todos os ciganos possuem o poder da magia. Isso nada tem a ver com "seres especiais", trata-se de um povo que crê na força da natureza e que aprendeu a ouvir a voz do Deus oculto e infinito que habita na alma de todos nós.

A leitura de cartas é uma tradição desde 1772, quando foi criado o baralho cigano.

Já as incorporações de espíritos ciganos ocorrem há mais de quarenta anos, mas nas duas últimas décadas elas se tornaram mais comuns, ampliando o trabalho dessa Linha.

Hoje, de forma plural, percebemos como o povo cigano conquistou corações e pensamentos, e todos têm verdadeira paixão por ele. Com suas vestes coloridas, seu jeito faceiro, seu sorriso largo e suas melodias — que conseguem ser calmas e intensas ao mesmo tempo —, além da leveza de seus movimentos e da força de suas palavras, o povo cigano vem, gradativamente, ganhando adeptos, admiradores e apaixonados.

Seja por meio de suas incorporações, suas tiragens de cartas ou até mesmo pelas intuições enviadas ao aparelho,[3] a Cigana Íris sempre traz informações a respeito dos trabalhos e da maneira correta de fazê-los, elucidando dúvidas e curiosidades na entrega de rituais, rezas, receitas de alimentos e alquimias dos espíritos ciganos do Oriente.

---

[3] Termo atribuído ao médium, que também pode ser chamado de "cavalo" ou "medianeiro". [NE]

Conexão com o espírito cigano

Em 1808, o espírito da Cigana Íris se despediu do corpo físico, tomando a forma espiritual. Apesar dos problemas, alegrias e adversidades que a cigana enfrentou na vida terrena, a partir de seu desdobramento para o plano espiritual, tudo começou a tomar um caminho diferente. O espírito foi separado e preparado para retornar à Terra, a fim de trabalhar junto aos irmãos, nos auxiliando em diversas vertentes do socorro espiritual.

Como todos nós, seres materializados, a Cigana Íris também possui particularidades e, em sua vivência como encarnada, passou por atribulações e sofrimentos. Por exemplo, segredos familiares revelados tardiamente — quando Íris já estava casada, era mãe de quatro meninas e morava no Egito — por sua irmã, Samara, a magoaram profundamente e ficaram marcados nas lembranças da cigana, fazendo-a, mesmo depois de anos, sofrer.

Minha primeira aproximação da Cigana Íris se deu quando eu tinha apenas três anos e, para mim, tornou-se comum ver "a moça cheia de cores e luz" se aproximar, me benzer e sorrir para mim. Aos nove anos, após o desencarne de meu avô paterno, constatei que apenas eu a via. Quando comentei com meus pais sobre a presença de meu avô, eles entenderam que eu via coisas que os outros não enxergavam, e eu percebi que as formas eram mais translúcidas, começando a identificá-las e diferenciá-las.

Nem sempre estamos atentos aos sinais e, muitas vezes, até duvidamos deles. Achamos que se trata de uma alucinação, de um achismo ou, até mesmo, de "coisa de gente desconectada deste plano". A Cigana Íris sempre esteve próxima a mim. De repente, você também já recebeu uma tentativa de comunicação e não percebeu. Confie mais e se conecte!

As meditações foram fundamentais para que eu despertasse esse vínculo. Portanto, as terapias integrativas são importantíssimas para que um alinhamento energético facilite a conexão. Outro método que me ajudou muito foi estabelecer um altar de força. No início, ele era composto apenas por cristais, incensos e velas; com o passar do tempo, foi ganhando outros elementos. Contudo, seguir as orientações e inspirações de minha mentora cigana foi fundamental e bastante assertivo.

Santa Sara Kali

Sempre tive algumas paixões: Santa Sara Kali, Nossa Senhora Aparecida e Arcanjo Miguel. No entanto, apenas mais à frente entendi que essa parte esotérica estava ligada à minha ancestralidade, que havia sido apagada para que minha família pudesse "seguir em paz". Aquela senhora que me visitava em sonhos e que me mostrava seu acampamento e suas danças estava além de uma "paixão cigana", era minha ancestral.

Assim, sempre que podia, eu ofertava — e oferto até hoje — o melhor para ela, colocando frutas, velas e fazendo minhas orações. Eu sempre repito esse ritual e, todas as vezes, sou correspondida, como uma resposta por minha dedicação e minha fé. Na verdade, amor, respeito, autoconfiança, cuidado, conexão com a natureza, honra aos pais, dedicação e lealdade ao culto aos espíritos ciganos — sabendo diferenciá-los da etnia cigana — são adubo que tornam a terra fértil e próspera.

Os povos ciganos e os espíritos dos povos ciganos devotam sua fé, além de Deus, à sua santa padroeira: Santa Sara Kali (ou Sara la Kali — "Sara, a negra", em tradução livre do romani), que os protege para o bom andamento das missões espirituais. Santa Sara também é protetora da maternidade.

Alguns relatos contam que, por volta de 48 d.C., após a crucificação do Messias, com a perseguição a todos os cristãos no território de Israel, Santa Sara, Maria Salomé, Maria Madalena e Maria Jacobina[4] — as chamadas "três Marias" — foram colocadas sem remo e sem mantimentos em um barco e jogadas à deriva no Mar Mediterrâneo para morrerem.

Diante dessa crueldade, elas concordaram que sua única salvação seria a fé, prometendo que, se chegassem salvas a algum lugar, continuariam a pregar o Evangelho. Então, elas passaram a rezar constantemente, pedindo a Misericórdia Divina, até que, milagrosamente, o barco atracou na França, onde hoje fica a cidade conhecida como Saintes-Maries-de-

---

4 Outras lendas enumeram os seguintes tripulantes: Sara la Kali, Maria Madalena, Maria de Cleófas — tia de Jesus, irmã de Maria de Nazaré —, Maria Salomé, os irmãos Marta, Maria e Lázaro de Betânia e um cristão chamado Maximinio. [NE]

-la-Mer ("Santas Marias do Mar", em tradução do francês). Algumas lendas dizem que a tripulação foi amparada por um grupo de ciganos.

Individualmente, Sara prometeu que, se conseguisse sobreviver, passaria a usar um lenço cobrindo a cabeça pelo resto da vida. Esse gesto simbolizava sua decisão de se manter pura por toda a vida e de entregar o coração somente a Cristo, continuando a missão que ele começou na Terra. Por esse gesto, os devotos, quando têm alguma graça alcançada, sempre cobrem a imagem de Santa Sara com lenços.

Sara era cigana e, posteriormente, foi escravizada, enfrentando muitos desafios até encontrar as três Marias, que a acolheram em seus caminhos de louvação. A canonização de Santa Sara Kali data de 1712[5] e sua festa litúrgica ocorre nos dias 24 e 25 de maio, quando, tradicionalmente, ciganos de todo o mundo se reúnem para celebrá-la.

As pessoas fazem todo tipo de pedido a Santa Sara Kali, pois ela tem a fama de atender a todos os que depositam nela verdadeira fé. Além de padroeira do povo cigano, ela é a santa dos desesperados, dos ofendidos e dos desamparados.[6]

---

5   A autenticidade dessa informação não pôde ser verificada, pois, apesar dos relatos, o nome de Sara de Kali não consta na versão atualizada do Martirológio Romano. [NE]

6   No *Templo de Umbanda Tsara Paixão Cigana* (TUTPC), localizado na Rua Floresta do Sul, 27, Guaratiba (RJ), comandado pela babá/*shuvani*/sacerdotisa Emanuele de Carvalho (Mãe Manu da Oxum), existe uma imagem de 1,80 m de altura de Santa Sara, que recebe muitos pedidos e agradecimentos por graças alcançadas, e faz parte do Santuário de Santa Sara Kali Guaratiba-zo. [As notas não assinadas são da autora]

Oração a Santa Sara Kali

Ó, Sara Kali que está no céu!
Olhe para nós, seus filhos,
que estamos aqui na Terra.

Cubra-nos com sua misericórdia e seu amor!
Que seu manto envolva todos nós, neste momento,
tirando de nós todas as tristezas, doenças, invejas e mágoas.
A senhora, que sofreu em vida,
sabe o que cada um de nós está passando.
Dê-nos força para superar todas as provações e dificuldades!
Que, envoltos por seu amor, saiamos ilesos de tudo isso.

A senhora, minha mãe Sara,
conceda-nos saúde, felicidade,
harmonia, prosperidade, amor,
fé e paz de espírito!

Segure em minha mão e,
como uma mãe bondosa
que olha para uma criança,
leve-me para o caminho que devo trilhar.
E nunca me deixe cair pelos caminhos
que me levarão para longe da senhora.

Santa Sara, que eu seja digno(a)
de seu amor e de sua proteção!

Abençoe a minha vida, a de minha família,
a de meus amigos e a de meus inimigos,
para que assim eles se distanciem de mim
e não mais me direcionem algum mal.

Permita que eu beije suas mãos e o seu coração.
Que eu seja seu(sua) filho(a) abençoado(a)
para todo o sempre!

Amém!

Novena/benzimento cigano de Santa Sara Kali

Repetir a seguinte oração por nove dias:

Sara, Sara, Sara, foi escrava de José de Arimateia,
no mar, foi abandonada.
Seus milagres no mar se sucederam e uma santa se tornou.
À beira do mar chegou e os ciganos a acolheram.

Sara, rainha, mãe dos ciganos,
a senhora os ajudou
e eles a consagraram como protetora e mãe das águas.

Sara, mãe dos aflitos,
à senhora imploro proteção para meu corpo,
luz para meus olhos enxergarem até no escuro,

luz para meu espírito
e amor para todos os meus irmãos:
brancos, negros e mulatos,
todos os que me cercam.

Aos pés da Maria santíssima, a senhora, Sara,
colocou a mim e a todos os que me cercam
para que possamos vencer as agruras que a Terra oferece.

Sara, Sara, Sara, não sentirei dores nem temores!
Espíritos perdidos não me encontrarão
e, assim como conseguiu o milagre do mar,
todos os que me desejarem mal,
a senhora, com as águas, me fará vencer.

Sara, Sara, Sara, não sentirei dores nem temores!
Continuarei caminhando sem parar.
Assim como as caravanas passam,
em meu interior tudo passará, a união comigo ficará
e sentirei o perfume das caravanas que passam,
deixando rastros de alegria e felicidade.
Seus ensinamentos deixará!

Amai-nos, Sara,
para que eu possa ajudar todos os que me procuram.
Ajudado(a) pelos poderes de nossos irmãos ciganos,
serei alegre e compreensivo(a)
com todos os que me cercam.

> Corre no céu, corre na terra, corre no mundo
> e Sara, Sara, Sara estará sempre à minha frente,
> sempre atrás, do lado direito e do lado esquerdo!
>
> E assim dizemos:
> "somos protegidos pelos ciganos e pela Sara,
> que me ensinará a caminhar e a perdoar!".

Ao final da oração, faça seu pedido da seguinte forma:

> Eu, [diga seu nome], suplico, Sara, fique sempre à minha frente, sempre atrás de mim, do meu lado direito e do meu lado esquerdo. Assim, somos protegidos como os ciganos e a senhora, Sara, me ensinará a caminhar e a perdoar. Amém!

Em seguida, reze três ave-marias e três pais-nossos.

Religiosidade cigana

A Linha dos Ciganos do Oriente abrange espíritos provenientes de diversos credos e cultos, como o ocultismo, o esoterismo, o xamanismo, entre outros. Embora sejam muito bem recebidos nos terreiros de Umbanda e Candomblé, eles não precisam ser, necessariamente, dessas religiões.

Assim, as entidades ciganas devem ser desassociadas das entidades de Umbanda e de Candomblé. Mesmo manifestadas em terreiros ou em *tsaras*, elas não são regidas por orixás, ainda que haja similaridades. Dito isso, entenda: os ciganos-mestres podem (ou não) trabalhar em conjunto com as entidades e os guias-chefes dos cavalos em prol de saúde, amor e outros objetivos voltados para o bem.

O povo cigano trabalha muito bem com pedras, cristais, ervas, flores, comidas, alquimias e artesanatos e, no plano espiritual, tudo isso é usado para ajudar na irradiação sobre os médiuns. Lembre-se: no plano espiritual, o povo cigano continua com toda a ritualísticas, esoterismo, magias, feitiçarias e encantamentos.

As manifestações mediúnicas desses espíritos foram se tornando cada vez mais comuns, fazendo surgir a necessidade de cuidar de uma energia bastante diferente, mas, ao mesmo tempo, muito forte e complexa, que rodeava todos nós. Assim, este livro irá além de tudo o que já foi ensinado em outras obras, pois o conteúdo não se resumirá ao que todos dizem, e daremos voz às mensagens deixadas pelos espíritos ciganos do Oriente, pois somente eles têm propriedade para elucidar o que é, de fato, esse trabalho mediúnico.

Clãs ciganos

capítulo 2

As entidades da Linha dos Ciganos do Oriente, quando incorporadas, tendem a seguir gostos e costumes relacionados aos seus clãs de origem.

Clã dos Ciganos Dourados

Esse clã possui grande ligação com tudo o que está relacionado a dinheiro, prosperidade e tudo o que precisamos fazer para consegui-los, como estudo e trabalho.

Sempre em busca de fé e saúde, de nada adianta ter riqueza financeira sem os equilíbrios físico e espiritual necessários para desfrutar do conforto que ela proporciona.

Costumam usar roupas douradas e ter como amuleto um baú, no qual colocam alguns elementos, como moedas correntes, moedas de ouro, joias e pedras preciosas (ou semijoias e pedras que as representem). Trabalham com piritas, tachos de cobre, tecidos dourados, punhais, incensos de canela, cravo e noz-moscada, vinho tinto doce, martini doce, uva, melão, canela em pó, canela em casca,[1] girassol e semente de girassol.

Clã das Ciganas do Amor

Trabalham essencialmente com magias para o amor, pois irradiam esse tipo de energia em todas as suas formas. Todavia, essas ciganas ajudam principalmente na busca do amor-próprio, pois só podemos amar verdadeiramente quando aprendemos a nos amar, abrindo caminho para quem nos ama.

Costumam usar saias, blusas e vestidos dourados ou vermelhos e joias douradas em formato de coração ou rosa (flor). Seus instrumentos de trabalho são as rosas vermelhas, geralmente usadas no cabelo. Trabalham usando leques, punhais, taças, velas vermelhas, perfumes, óleos aromáticos, licor de anis, cereja ou morango, vinho tinto doce, mel, maçã, canela em casca, canela em pó e verbena.

---

[1] Também conhecida como "canela em pau". [NE]

Clã dos Ciganos Encantados

O culto a esses ciganos é diferenciado, pois a energia de encanto deles é leve e muito sutil. Emanam alegria onde quer que estejam e são responsáveis por resgatar a autoestima e a valorização da vida, fazendo com que os indivíduos vibrem felicidade de forma intensa.

Costumam usar roupas de tons alegres, além de fitas coloridas e pandeiros.

Clã dos Ciganos de Cura

Trabalham com a energia de cura em todos os seus sentidos. Além da cura do corpo físico, cuidam, principalmente, da cura do corpo espiritual e da mente.

A maior parte desse clã é formada por ciganos anciãos, que usam cajado e, alguns, chapéu. São verdadeiras fontes de sabedoria, portadores de um conhecimento milenar, como os *purôs*[2] ciganos.

Em geral, suas vestimentas são brancas e eles usam lenços e faixas coloridas.

---

2 É chamado de "purô" o homem idoso, geralmente o chefe ou o homem mais velho da família, responsável por passar as tradições oralmente. A cigana anciã, guardiã do código moral, é chamada de "puri dai". [NE]

Oração para os ciganos de cura

Ó, poderosa Santa Sara Kali,
senhora que ampara os aflitos, desesperados e descrentes,
olhe por mim diante dessa dor e dessa provação.
Clamo à senhora que interceda
junto ao Clã dos Ciganos de Cura!
Meu corpo está ferido,
os homens não acham respostas,
minha alma está cansada e precisa se acalmar,
minha mente está confusa
diante do mal que tenta se instalar.
Ciganos de cura,
que a ponta do punhal corte esse mal,
que as ervas de benzimento
purifiquem meu corpo físico e espiritual,
que a terra absorva para suas profundezas
meus males e os transforme.
Moedas da sorte ofertarei,
um bom alimento doarei,
um novo manto a Sara Kali darei
em troca de minha cura.
Honrarei o nome dos Ciganos do Astral
e de Santa Sara Kali.
Enquanto vida tiver, que eu seja testemunho vivo!

Clã das Ciganas da Sorte

Possuem o dom da vidência e são capazes de prever o futuro. Assim, elas desvendam o presente, direcionando a vida das pessoas.

Sem deixar de intuir e aconselhar, as ciganas desse clã respeitam o livre-arbítrio de cada um. São jovens e a maioria usa uma estrela de cinco pontas na testa, que é o símbolo do Clã das Ciganas da Sorte e representa seus dons de vidência.

Usam roupas coloridas, joias e talismãs de sorte e boa fortuna. Seus instrumentos de trabalho são o tarô, o baralho cigano e a bola de cristal, além de essências, fitas coloridas, incensos de jasmim e espelhos.

Clã dos Ciganos Andarilhos

São responsáveis por cuidar da energia dos caminhos da vida, aquela que nos renova, direciona, abre oportunidades, leva e traz o que queremos e o que precisamos.

Durante suas vivências terrenas, eles batiam de porta em porta, vendendo mercadorias, afiando facas, entre outras coisas, e só retornavam ao acampamento depois de conseguirem o valor necessário para o sustento da família. Para esses ciganos, não havia caminhos fechados ou energia que os parasse. A persistência deles é exemplo para todos os que ficam esperando por uma mudança na vida, principalmente na esfera profissional. Assim, eles são muito procurados para ajudar nesse campo, na busca por um emprego adequado ou até para mudanças, efetivações e promoções.

Costumam usar roupas na cor azul-marinho, botas de couro preto e facas na cintura. Possuem o dom da palavra, são persistentes e resistentes quando desejam algo e essa energia impregna quem os invoca. Sua destreza é inigualável para a abertura de caminhos.

Clã dos Ciganos Protetores

Esse clã se subdivide em três: os guardiões, os beduínos e os tuaregues.

Eles trabalham para proteção, realização, concretização, aberturas de caminhos e direcionamentos, e são reconhecidos por emanarem energias de forma mais intensa que os outros clãs. Proporcionam aos indivíduos força, determinação e clareza, fazendo-os enxergar a verdade, e desfazem magias negativas, auxiliando na proteção.

Clã dos Ciganos Guardiões

Ciganos fortes e destemidos. Em geral, são altos e possuem feições mais duras, estando sempre compenetrados em seus afazeres.

Durante a vida terrena, eram responsáveis por guardar e proteger os acampamentos ciganos contra roubos e raptos de ciganas — infelizmente, isso era algo comum na época — e, por isso, são chamados de "guardiões".

Hoje, no caminho espiritual, possuem a mesma função: nos guardar e proteger.

Clã dos Ciganos Beduínos

Esse clã atua diretamente na vida dos indivíduos, pois a energia dos ciganos beduínos nos atinge instantaneamente, livrando-nos de ficarmos presos no passado, nos trazendo de volta ao presente.

São sérios e muito diretos. Trabalham com desobsessão, fazendo o encaminhamento de espíritos sofredores, e atuam na abertura de caminhos.

Costumam usar túnicas marrons com detalhes dourados, espadas, fitas marrons, velas marrons ou douradas, pedras granada ou âmbar, essência de âmbar, pó de ouro e chás de canela, menta e hortelã. Alguns cobrem o rosto, deixando apenas os olhos à mostra.

Clã dos Ciganos Tuaregues

Também chamados de ciganos do deserto, os tuaregues são conhecidos por serem extremamente fechados, não conversarem e ficarem sempre em lugares onde não podem ser vistos, permanecendo com uma ampla visão do lugar que estão protegendo, a fim de impedirem a aproximação de espíritos trevosos. Nada passa desapercebido por seus olhos, que tudo veem. São muito fortes, hábeis em cortar ataques espirituais e energéticos e sua energia é bastante perceptível até para quem os olha.

Costumam usar túnicas e turbantes pretos e espadas. Seus elementos de trabalho são: turmalina negra, fitas e velas azul-escuras, essência e incensos de anis, cedro e sândalo.

Com a palavra, a Cigana Íris

O Clã dos Ciganos Protetores ainda é desconhecido por muitos. Assim, as entidades que atualmente são chamadas de "ciganos-exus" (ou guardiões) não trabalham exatamente na Linha de Esquerda, a não ser que esse seja o único espaço de trabalho que recebem na casa, pois nossa missão é socorrer e auxiliar. Contudo, tenha sempre em mente o que somos, pois, à medida que a casa for realizando encontros ciganos, essas entidades voltam para a egrégora do Oriente.

Por isso, quando notar a presença de um cigano sendo chamado de "exu" em uma festa cigana, não se assuste, trata-se de um cigano protetor-guardião que está em meio a seu povo. Então, se a casa não trabalha com reuniões ciganas ou desconhece o Clã dos Ciganos Guardiões, é possível que ele tenha sido direcionado para se manifestar nas giras de exu.

Existe animismo ou erro por parte do médium? Não! O que existe é uma necessidade de aprofundamento sobre o culto aos ciganos do Oriente e nossa Linha de trabalho.

Por outro lado, hoje, no plano espiritual, algumas de nossas ciganas fazem parte da sagrada Umbanda, pois, enquanto encarnadas, a vida *gadjá*³ foi estrada e acolhida para elas, e nós sempre somos féis a nosso destino.

Se pesquisar sobre a cultura de nosso povo, perceberá que apenas as ciganas eram obrigadas a abandonar seus hábitos e costumes em nome de "ideais". Essa prática, porém, vem sendo corrigida no plano espiritual, pois nossas tradições não podem ser vistas como preconceituosas, misóginas ou homofóbicas. Na época, diante de tanta perseguição e de todo o preconceito que sofríamos, acreditávamos que isso era o certo e que era a melhor forma de encaminhar nossas irmãs.

Portanto, pombagiras-ciganas existem, mas exus-ciganos só existirão se vocês não compreenderem que rapazes e homens eram separados e ensinados a zelar por seus clãs com a própria vida. Assim, a energia dos ciganos protetores, guardiões, tuaregues e beduínos se assimila à dos exus, mas se trata de um membro do povo cigano.

Aos poucos, conforme o entendimento for se ampliando, vocês entenderão que, há alguns anos, nós, ciganas, éramos novas nos cultos, não existiam *tsaras* nem rodas ciganas e, caso tivéssemos a necessidade de chegar em um aparelho nosso para auxílio e direção, chegávamos nas giras dos guardiões de Esquerda.

---

3   O termo rom (ou espanhol) "gadjé" é usado para definir o "não cigano", o "estranho" ou o "estrangeiro", e pode sofrer as variações "gadjá", "gadjó" e "gadjí". Em português, é traduzido como "gajão", que, segundo o *Dicionário Houaiss Online*, significa "forma de tratamento respeitosa (equivalente a 'senhor') dada pelos ciganos a pessoas estranhas à sua raça". [NE]

Foi nessa Linha da Umbanda que tivemos abertura para nossa egrégora iniciar a apresentação na Terra. Primeiramente, como as entidades da Esquerda estão diretamente ligadas às necessidades dos seres encarnados — como a facilidade com a qual o ouro e os amores os atraem e como se tornam reféns dos próprios desejos —, isso funcionou como um grande portal e um verdadeiro laboratório para nós. Além disso, os irmãos exus, pombagiras, malandros e malandras são bem assertivos e dedicados à missão, e não se entregam a sentimentos piedosos, a fim de ensinarem que nem sempre é hora de receber, pois, lá na frente, aquele aparelho pode cometer o mesmo erro. Outro ponto é que eles trabalham com diversos portais, buscando não gerar risco para os médiuns; como éramos um deles, nossa chegada também era facilitada. Foi fascinante aprender com eles!

Assim, o povo da Esquerda permitiu que nós também ajudássemos os encarnados de forma diferenciada. Como muitos não conseguiam aprender as lições, pois bloqueavam a mente, e nós trabalhávamos com telepatias e práticas adivinhatórias que nos permitiam penetrar no pensamento deles e desfazer esses bloqueios emocionais e morais com mais facilidade, ocupamos nosso espaço.

Seguimos assim pelo período necessário, mas uma hora nos apartamos em rituais e encontros diferentes, com nossas radiações de chacras e todos os trabalhos específicos da Linha dos Ciganos do Astral, auxiliando os encarnados a amenizar as cargas de sofrimento, pois essa é a nossa missão.

Ciganos do Astral e as ordens vibracionais

capítulo 3

Hoje, no plano astral, os espíritos ciganos estão divididos em planos de socorro.

Ciganos-socorristas

Os ciganos-socorristas não têm a necessidade de aparecer ou incorporar, mas permanecem próximos todo o tempo, pois trabalham em hospitais espirituais e no socorro espiritual às almas, e não aos encarnados.

Ciganos de trabalho

Os ciganos de trabalho incorporam nas Linhas de Umbanda e nas Linhas traçadas — como pombagiras, por exemplo — e se estendem aos trabalhos dos homens ciganos com os exus, que é algo bastante recente.

Eles se apresentam da forma mais simples e aceitável possível aos olhos dos homens. Buscam se aproximar dos habitantes desta Terra para despertar o interesse, a compreensão e levá-los à salvação.

Ciganos-mestres

Os ciganos-mestres trabalham apenas em *tsaras*.

Eles respeitam o gênero com o qual o médium se identifica. Portanto, o espírito de uma cigana irá desenvolver seu trabalho de forma plena em uma médium que possui o lado feminino mais aflorado e que se identifica socialmente como mulher (cis ou trans). O mesmo ocorre com os espíritos ciganos, que irão trabalhar com pessoas do gênero masculino (homens cis ou trans).[1]

---

[1] É importante esclarecer que gênero e orientação sexual são conceitos distintos. Quando nos referimos a uma mulher que se identifica como tal, estamos falando daquelas que nasceram e das que se tornaram mulheres, considerando todos os processos íntimos e de reconhecimento perante a sociedade. O mesmo se dá com os homens trans.

Ciganos-mestres ascensionados

Os ciganos-mestres ascensionados são os grandes comandantes de suas *tsaras* e, por isso, se comunicam com os espíritos mais elevados de outras religiões. Por exemplo, a Cigana Íris trabalha de forma ampla com o mentor espiritual e com o médico espiritual desta autora, além de labutar com a Cabocla Jurema, que é minha mestra na Umbanda. Não existe dimensão, galáxia ou portal que impeça um cigano-mestre ascensionado de se comunicar com outra entidade de luz, a fim de decidirem juntos o trabalho a ser realizado para o bem de um médium. Essa união e essa comunicação também podem ampliar a mediunidade e os canais de vidência do medianeiro em questão.

Os médiuns que trabalham com ciganos-mestres ascensionados são os que possuem a Linha dos Ciganos de frente — independentemente das outras entidades que compõem a coroa deles, sejam elas proveniente da Umbanda, do Candomblé ou de outra religião —, e eles jamais permitirão que seus médiuns sejam consagrados a outros espíritos de comando.

Formas de trabalho com os espíritos ciganos

capítulo 4

O trabalho com os espíritos ciganos do Oriente pode ser feito em *tsaras* ciganas ou em terreiros afrorreligiosos (Umbanda e Candomblé). A forma de incorporação é que vai depender dos rituais praticados no local. O importante é que não se interfira no ritual nem no processo de invocação espiritual dos ciganos do Oriente, e não se crie o que não existe.

Contudo, há particularidades que independem de onde o culto é praticado, como a desnecessidade de sacralização animal para fortalecer ou invocar de forma mais eficaz os ciganos do Oriente. Nos terreiros que não praticam essa ritualística, é comum que os ciganos se apresentem de forma mais livre. Eles não condenam essa ritualística e de forma alguma deixariam de se manifestar em um médium que pertence a uma religião que a cumpre, apenas desconhecem essa prática como forma de agrado à espiritualidade. Novamente, isso não significa que os espíritos ciganos desaprovem o que é feito; ao contrário, eles são sábios e entendem que ali existe uma liderança maior a quem eles devem respeito e que, por isso, não devem utilizar toda a sua essência para não desequilibrar a energia do local.

Portanto, os ciganos do Oriente que se manifestam dentro da Umbanda ou de outras religiões de matriz africana, e não no formato *tsara*, podem chegar no toque do atabaque e se apresentar, deixando seus nomes. Antigamente, havia pouquíssimas informações sobre essas entidades, e era comum que as manifestações se dessem nas giras de exu. Quando as pombagiras-ciganas eram louvadas, era comum que ciganos do Oriente se apresentassem, principalmente em médiuns que tinham ciganos(as) à frente de seus caminhos e destinos.

Com o passar do tempo, percebeu-se que algumas dessas entidades eram ciganas, e não pombagiras-ciganas. Assim, as casas de matriz africana passaram a realizar toques para ciganos do Oriente, que começaram a irradiar e dar os nomes, iniciando os trabalhos de fato.

Ao mesmo tempo, nas *tsaras* ciganas, a incorporação começava a se dar ao som de instrumentos diversos, sem o uso do atabaque. Apesar de o atabaque ser um instrumento, dentro das afrorreligiosidades, ele é ofertado e consagrado às divindades, ou seja, aos orixás e/ou aos guias de Umbanda. Logo, os ciganos que chegam nas *tsaras* respeitam essa consagração e preferem chegar com toques mais suaves, cadenciados e ligados aos sons da natureza e aos mantras, ou até com canções exclusivas tocadas com voz, violão e *cajón*.[1]

Então, a energia cigana pode ser irradiada em todo lugar sacro, a diferença está apenas na autonomia que esses espíritos têm nos diferentes campos santos. Portanto, em um terreiro de Umbanda, o guia-chefe — seja um caboclo, uma cabocla, um preto-velho ou uma preta-velha — é a força maior que lidera a egrégora; no terreiro de Candomblé, o orixá rege o axé e é a autoridade maior; já em uma *tsara* cigana, o cigano ou a cigana é a liderança.

Assim, temos esses dois tipos de manifestação de espíritos ciganos, com formas de trabalho distintas, mas com energias muito similares e objetivos iguais.

Apesar de os povos ciganos manterem seus costumes no plano espiritual — como idiomas, cores de roupas e outros —, com um comportamento muito parecido com o que tinham nos acampamentos, é importante que o médium entenda que não precisa sair por aí afirmando ser

---

[1] De acordo com o *Dicionário Houaiss Online*, "*cajón* é um instrumento de percussão que teve sua origem no Peru colonial, onde os escravos africanos, separados de seus instrumentos de percussão pelos feitores da época, utilizaram-se de caixas de madeira e gavetas para tocarem seus ritmos". Conforme a *Infopédia*, "instrumento de percussão de origem peruana, constituído por uma caixa de madeira, sobre a qual o percussionista se senta, produzindo som ao bater com as mãos nas faces da caixa". [NE]

um cigano de "raça pura" e que, por esse motivo, carrega um espírito cigano. Estamos falando sobre ESPÍRITOS! Não há necessidade de associar a manifestação das entidades com "sangue" ou "não sangue" cigano. Nós nunca fomos exus ou da família deles e não precisamos ser indígenas ou descendentes dos povos originários para incorporar um caboclo ou um exu. Se você acredita que, para incorporar um espírito, precisa provar que tem algum tipo de relação consanguínea, deixará de cumprir seu papel principal, que é ser instrumento desse espírito, seja ele cigano ou não, para prestar caridade e ajudar o próximo.

Como atrair seu cigano e/ou sua cigana

A energia dos espíritos ciganos do Oriente é bastante sutil, flutuante, leve e fácil de ser atraída, mas é preciso permanecer atento(a) aos sinais. Para tanto, é muito importante que os pensamentos, o coração e o corpo carnal estejam totalmente voltados para o bem, para o amor-próprio e para o amor ao próximo.

O ideal é que a aproximação seja feita em *tsaras* ou em lugares específicos, onde se trabalhe com espíritos ciganos, se acendam velas e incensos e se entreguem rezas e preces.

Aqueles que não pertencem a uma *tsara* cigana ou a um templo religioso que cultua esses espíritos podem atrair os ciganos e as ciganas em casa.

Escolha um canto, consagre-o aos ciganos do Oriente e coloque neste espaço uma mesa, um aparador ou até mesmo uma prateleira. Utilize flores e outros apetrechos, além das ferramentas de trabalho dos ciganos, de acordo com sua intuição.

Nesse lugar consagrado, deposite suas preces e rezas, abra seu coração, faça seus pedidos e seus agradecimentos.

Vestimentas dos ciganos do Oriente

capítulo 5

Para os espíritos ciganos do Oriente, as vestes estão diretamente ligadas à preservação do corpo físico, cada qual com sua origem e cultura. De acordo com a descendência, as ciganas e os ciganos usam vestes que os caracterizam como pertencentes a um determinado clã, mas que também os relaciona com a *tsara* onde se manifestam.

Hoje, as vestimentas dos espíritos ciganos do Oriente são mais uma ferramenta de trabalho utilizada, por exemplo, como cromoterapia. As ciganas que se vestem de preto podem ser facilmente identificadas como espíritos de ciganas-guardiãs.

Os ciganos também usam cores fortes, enquanto os ciganos-guardiões se vestem com roupas pretas ou de cores mais escuras.

Para as ciganas, além das cores vibrantes, é importante que as saias tenham bastante roda, pois o movimento da saia espanta os males, limpa e abençoa.

Outra particularidade diz respeito aos espíritos de ciganas casadas, viúvas e solteiras. As primeiras usam lenços na cabeça; as viúvas, além de cobrir a cabeça, usam lenços que podem se estender até o pescoço; já as mais jovens e solteiras utilizam adornos para enfeitar os cabelos.[1] Também existem as ciganas do deserto que, por costume, usam lenços cobrindo o rosto.

Algumas entidades podem se apresentar usando bengalas, o que indica que são espíritos de ciganos ou ciganas que desencarnaram bem idosos.

É primordial frisar que as roupas dos espíritos ciganos do Oriente não podem ter transparência e não podem deixar partes do corpo — como barriga e pernas — à mostra. É preciso separar as danças artísticas ciganas do trabalho com os espíritos ciganos do Oriente, que sempre visam à caridade.

Dessa forma, as vestes de trabalho das ciganas que incorporam são compostas, obrigatoriamente, de saia e calça por baixo, de modo a preservar o corpo físico da médium. O mesmo se aplica aos ciganos, cujos blusões — que podem ser de manga curta ou comprida — devem ter apenas um decote discreto, sempre resguardando o peitoral do médium.

---

[1] Essas características se referem à entidade, não à médium, cujo estado civil independe do espírito incorporado. [NE]

Como manipular a magia cigana

capítulo 6

Nos rituais de magia cigana, o uso de ervas — uma das principais ferramentas de trabalho das religiões de matriz africana — foi ganhando espaço e hoje também é bastante difundido. Com elas, são produzidos chás, pães, sabonetes, banhos, limpezas etc. A Cigana Íris ensina que tudo o que vem do fácil cultivo da terra sempre foi e sempre será utilizado pelo povo cigano, pois é a força da natureza.

Nas receitas ciganas, usa-se uma grande quantidade de condimentos, e muitos deles são ervas desidratadas. Os ciganos fazem muitos encantos com comidas — um caldo ou um assado —, pois o aroma delas amplia e trabalha a paz e a harmonia, além de ser um momento de extremo prazer. A hora da refeição é um momento sagrada para os povos ciganos.

Chás ciganos

Algumas ervas têm um uso mais geral. A salsa é maravilhosa para limpar os rins; as folhas de louro são excelentes para o fígado e, usadas em conjunto com anis-estrelado, servem para a limpeza do estômago; já o alecrim é indicado para a memória.

Cuidado, pois pessoas hipertensas não devem usar ou consumir gengibre.

Para aumentar a imunidade

- 500 ml de mel puro;
- 1 colher de sopa de gengibre em pó;
- 1 colher sopa de cúrcuma ou açafrão.

Para ter imunidade

- 1 maçã vermelha;
- lascas de gengibre;
- alho;
- canela em pó;
- limão.

Para acalmar

- Mulungu;
- erva-cidreira;
- camomila.

Magias ciganas

Entre as magias ciganas mais conhecidas, que atraem e despertam tanto interesse, estão a vidência e a sorte cigana. No entanto, os espíritos ciganos do Oriente utilizam, além da mediunidade e da clarividência, várias outras técnicas. A Cigana Íris, por exemplo, faz a leitura da íris dos olhos, que pode revelar muitas coisas quando é lida por um espírito cigano que trabalha para a Luz.

Outra ferramenta de grande valia para as magias e rituais ciganos são os punhais. Por orientação da Cigana Íris, todos(as) os(as) ciganos(as) deveriam utilizar um punhal, pois trata-se de um elemento de proteção e, ao mesmo tempo, deve ser utilizado para cortar as frutas. Eles também são utilizados nas quebras de demanda e atraem boa-sorte. Na verdade, tudo isso está diretamente relacionado à posição de uso do punhal.

Com o passar do tempo, aprendemos que a prática e a vivência ao lado desses seres iluminados e abençoados são fundamentais para que ganhemos propriedade para falar sobre eles. Conforme os ensinamentos da Cigana Íris, discorreremos um pouco sobre as sete principais formas de vidência e sorte cigana.

Cartomancia

A leitura de cartas é uma das magias mais antigas e conhecidas da cultura cigana.

Muitas pessoas se perguntam: "O espírito cigano já chega lendo as cartas ou o(a) médium deve aprender?". A resposta é simples: tanto faz! Para que o(a) médium permita a orientação dos espíritos ciganos, é fundamental que a sintonia entre eles seja plena. Além disso, em qualquer cultura ou religião, é fundamental que se agregue conhecimento para o uso pessoal e que, assim, o(a) médium tenha mais segurança para trabalhar com a entidade.

Antigamente, havia muito preconceito e achava-se que apenas as ciganas podiam oracular, pois somente elas tinham os dons da vidência e da adivinhação. Com o passar do tempo, descobrimos que os ciganos possuem as mesmas capacidades para as magias da adivinhação. Algumas pessoas também diziam que o tarô era o jogo dos ciganos e que o baralho cigano era o das ciganas; todavia, sob a orientação da Cigana Íris, afirmo que ambos podem ser utilizados por ciganos e ciganas, independentemente do gênero. Ciganos e ciganas manuseiam todo e qualquer tipo de vidência muito bem; no entanto, eles podem optar pelo oráculo que têm mais interesse, habilidade e/ou afinidade.

Hoje, existem muitos cartomantes e tarólogos, mas é primordial que se busquem referências antes de aceitar qualquer conselho, pois o que encanta e fascina, algumas vezes, acaba se tornando uma profissão para muitos e um grande chamariz para outros que não estão verdadeiramente preparados para aconselhar ou ensinar. Além disso, nem todo oraculista possui o chamado sacerdotal. Infelizmente, algo tão sério se espalhou de forma errônea e alguns oraculistas se aproveitam dos mais aflitos. Quando mexemos com destinos, estamos lidando com vidas, e infinitos devem ser o comprometimento e a responsabilidade. Assim, sempre busque referências para que tenhamos bons ouvintes e bons aprendizes.

Quiromancia

A leitura do destino por meio das linhas das mãos é uma magia milenar bastante praticada pelos ciganos. Foi a primeira técnica utilizada pelos povos ciganos do Oriente, pois a leitura das cartas só começou após o descobrimento do baralho de Madame Lenormand, semente do baralho cigano.

Hoje em dia, pouco se vale da quiromancia nas *tsaras*.

Borra de café

É feito um café bem forte e, em uma xícara, pede-se que a(o) consulente tome três goles. Após dispensar o restante do café, na borra que fica na xícara, podem ser lidos os caminhos e o destino da pessoa.

Chama da vela

Para perguntas e respostas mais objetivas, os ciganos conseguem ver acontecimentos futuros, por meio da vidência, utilizando a chama de uma vela. Pode parecer simplório, mas é preciso muita determinação e concentração.

Fumaça

A fumaça dos incensos, das fogueiras e até das pequenas caldeiras é utilizada para obter respostas a perguntas objetivas do(a) consulente. Por meio do movimento dos elementos ar e fogo, os ciganos conseguem vislumbrar a resposta na fumaça, de forma parecida com a leitura da chama da vela.

Taça com água e óleo (ou azeite)

Os ciganos gotejam óleo ou azeite em uma taça com água e misturam com uma pena, um graveto bem fino de uma árvore específica ou com a ponta dos dedos. Os caminhos criados nessa mistura desvendam o passado, o presente e o futuro. É uma técnica fascinante, mas pouco utilizada pelos espíritos ciganos do Oriente nas *tsaras*.

Bola de cristal

Essa magia é encantadora, pois utiliza uma linda bola de cristal lapidado. As pessoas comuns só enxergam o belíssimo artefato, mas os espíritos escolhidos pelo cristal enxergam as linhas de destino dos consulentes.

Alinhamento dos chacras

O alinhamento dos chacras é uma manipulação de energia bem comum nas *tsaras*.

O chacra é um ponto de conexão entre o exterior e o interior, ligando o indivíduo diretamente às forças do universo.

Desbloqueá-los, alinhá-los e mantê-los equilibrados traz ótimos benefícios. Se você é médium, o ajudará a se manter conectado com as forças vitais, as emoções e o espiritual.

Como alinhar os chacras?

A meditação a seguir pode ser feita deitado ou sentado, conforme sua preferência;

Algumas pessoas também utilizam cristais, que são uma poderosa fonte de energia viva e que potencializam as energias para cada tipo de tratamento.

- Procure um lugar tranquilo para meditar;
- ouça um mantra que transmita paz e calma;
- desconecte-se de tudo à sua volta;
- trabalhe a respiração.
- mentalize cada chacra, emanando a cor de cada um, para o ponto de contato entre o interior e o universo.

Os chacras

Alguns chás, como alecrim e erva cidreira, também ajudam no alinhamento dos chacras.

Oferendas ao povo cigano do Oriente

capítulo 7

Para cuidar do povo cigano do Oriente e ofertar para essas entidades, é primordial que se tenha amor e respeito, e que se reflita sobre o que seria próprio a esse povo. Tudo o que considerar impróprio, não deve ser manipulado. Além disso, não é necessário que se coloque um agrado ou uma oferenda em um altar feito exclusivamente para eles. Essa Linha possui inúmeras maneiras de possibilitar a cura e ajudar o homem, independentemente das formas tradicionais que você pensa existir.

Muitos espíritos de ciganos do Oriente orientam que se coloque na mesa da família um recipiente com frutas e, no momento sagrado da refeição, faça-se uma oração, ofertando ao povo cigano. Eles também ensinam que o alimento da família também deve ser consagrado ao povo cigano durante o preparo: ouça uma boa música, acenda um incenso e faça o cozimento com toda a energia e a vibração do povo cigano do Oriente, sem a necessidade de incorporação.

As oferendas aos povos ciganos não estão relacionadas ao valor material investido, mas devem ser bonitas e bem caprichadas. Os elementos comumente utilizados nas oferendas ciganas são:

- frutas (doces, preferencialmente, como banana, maçã, pera, uva, pêssego, ameixa e melão);
- bebidas (suco de uva ou outra fruta, chá aromático, vinho tinto ou branco, uísque, champanhe ou rum);
- taças;
- flores;
- tecidos ou papéis coloridos;
- fitas coloridas;
- velas coloridas;
- mel;
- baralhos ciganos;
- leques;
- xales;
- lenços;
- cristais;
- incensos;
- perfumes;

- moedas correntes;
- moedas antigas;
- adornos femininos para as moças;
- punhais.

Nem todos os elementos precisam ser utilizados de uma só vez. É importante ter bom senso e seguir sua intuição ou o que for orientado por um espírito ou um mentor.

Devemos agradar nossos ciganos usando o que foi ensinado anteriormente, mas o ideal é que estejamos conectados a um(a) líder de ensinamento, como um(a) babá,[1] um *baró*[2] ou sob a orientação de um sacerdote(isa), para que sempre façam e peçam o bem.

As oferendas devem ser feitas com atenção à fase da Lua, salvo em caso de urgência.

As fases da Lua e seus fundamentos para os ciganos

Estar atento ao calendário lunar auxilia na eficácia do trabalho de magia cigana e da corrente cigana. A Lua é uma grande aliada em todo tipo de trabalho.

---

[1] Conforme o *Dicionário Houaiss Online*, "nos cultos iorubás e em seus derivados, pai ou ancestral" ou "nos candomblés traçados, título da sacerdotisa que dirige o terreiro". [NE]

[2] No dialeto romani (rom), o termo "baró" significa "grande". O líder de cada clã é chamado de *baró*. [NE]

- **Lua cheia**: para o povo cigano, a lua cheia inspira. Ela é uma fonte de energia inesgotável para todo e qualquer tipo de trabalho, principalmente os voltados para a prosperidade (de amor, saúde e vida financeira).
- **Lua crescente:** ideal para fazer a energia se movimentar para a frente de forma gradativa e constante, sem interrupções.
- **Lua nova:** como o próprio nome diz, é apropriada para tudo que se relaciona ao novo — emprego, amor, adaptação e até uma reforma interior, uma reforma íntima.
- **Lua minguante:** trata-se de uma lua desmerecida por muitos espíritas e espiritualistas. No entanto, deve-se levar em conta a importância dela no ciclo da natureza, da Mãe Terra, dos espíritos e da matéria. Nessa lua, damos preferência aos trabalhos de limpeza energética. É importante que saibamos usá-la e que não a desprezemos.

Elementos de trabalho dos povos ciganos

capítulo 8

Os espíritos ciganos do Oriente trabalham com diversas ferramentas. Dentre as mais comuns, destacamos: incensos, cristais, cores e ervas.

As ervas frescas ou desidratadas são matérias-primas muito usadas pelos ciganos, devido à sua força e aos seus fins terapêuticos. Elas são empregadas na culinária, em banhos e em rituais de banimento e de limpeza. No início ou no fim dos rituais, ervas desidratadas são sempre jogadas na fogueira. A orientação da Cigana Íris é a de que todas as ervas devem ser utilizadas da cabeça aos pés, seguindo o direcionamento dos espíritos ciganos, sem a interferência de guias ou orixás provenientes de outras culturas religiosas.

Apesar de os elementos da natureza serem, na maioria das vezes, os mais utilizados nos trabalhos e rituais ciganos, alguns espíritos também utilizam punhais, essências, perfumes, cordas e amuletos, que são objetos consagrados. Punhais, corujas, trevos e ferraduras são exemplos de amuletos.

Ainda que a alegria, a música e a dança sejam traços marcantes dos povos ciganos, é visível que a seriedade extrema sempre se faz presente nos trabalhos e rituais.

Rituais ciganos

A seguir, a Cigana Íris nos presenteia com alguns rituais. Assim, mostraremos na prática a utilização dos elementos.

Ritual para atrair prosperidade

Materiais

- 1 pote transparente de vidro virgem;
- 7 qualidades de grãos (feijão preto, feijão vermelho, arroz com ou sem casca, lentilha, grão-de-bico, milho, semente de girassol etc.);
- Especiarias e ervas (canela em pau, cravinho, folha de louro etc.);

- 1 vela amarela;
- 1 incenso de alecrim.

Preparo

Arrume os grãos no pote e finalize com especiarias e ervas. Depois, acenda a vela amarela e o incenso de alecrim, ofertando-os ao povo cigano.

De tempos em tempos, verifique se é necessária a troca dos grãos.

> **Fase da Lua:** cheia ou crescente.
> **Sabonete indicado:** "Prosperidade e Revigorante" (*Encantarias da Cigana Íris*).

Ritual para a saúde

Materiais

- 1 cesta de frutas;
- frutas verdes e amarelas (7 maçãs verdes, 1 cacho de uvas verdes, 1 penca de banana, 1 melão etc.);
- 1 vela verde;
- 1 incenso de sálvia.

Preparo

Organize as frutas na cesta e acenda a vela e o incenso. Oferte aos ciganos por 24 horas e, depois, devolva à natureza aos pés de uma árvore frutífera. A cesta pode ser ofertada dentro de casa, em altares ciganos (pontos de força) ou em qualquer cantinho de sua preferência.

Atenção: Se o pedido for feito para uma pessoa acometida por alguma doença ou passando por algum problema de saúde, as frutas devem ser obrigatoriamente despachadas após as 24 horas. Caso o ritual seja para a prevenção ou a preservação da vida saudável, é preferível que as frutas sejam consumidas.

> **Fase da Lua:** cheia ou crescente.
> **Sabonete indicado:** "Cura e Purifica" (*Encantarias da Cigana Íris*).

Ritual para manter a mente equilibrada

Materiais

- Água mineral com gás;
- manjericão;
- sálvia;
- 1 vela azul-clara;

Preparo

Macere o manjericão e a sálvia. Depois, misture com a água mineral com gás e tome o banho, jogando o líquido da cabeça aos pés.

Acenda a vela e faça uma oração a Santa Sara Kali.

> **Fase da Lua:** cheia ou crescente.
> **Sabonete indicado:** "Flor de Lótus" (*Encantarias da Cigana Íris*).

Ritual para atrair um amor

Diante da quantidade de pessoas que procuram as ciganas do amor, buscando esse ritual, é de extrema importância aconselhar: a melhor forma de atrair um amor é, em primeiro lugar, cultivando o amor-próprio. Portanto, antes de ensinar um ritual para atrair o amor, o(a) presenteio com um trabalho para aumentar o amor-próprio.

Materiais

- Água mineral;
- anis-estrelado;
- sálvia;
- manjericão branco;
- canela em pau;
- noz-moscada;
- 1 vela de sete dias amarela.

Preparo

Em um dia de **lua cheia**, com os pés descalços em um chão

de terra, às 18h ou às 21h, impreterivelmente, prepare o banho, misturando todos os ingredientes (exceto a vela) em uma panela e levando ao fogo até ferver.

Espere esfriar e, sob o clarão da lua, com os pés na terra, vestindo roupas claras, despeje o banho da cabeça aos pés, clamando que todo o povo do Oriente e que todos os ciganos estejam presentes naquele momento, ampliando sua conexão com seus ancestrais e com seus propósitos de vida, de acordo com seu destino, e peça que você não se perca diante de qualquer problema ou carência que venha a passar neste plano.

Em seguida, agradeça ao povo cigano, entre em casa, coloque uma roupa seca — de preferência, branca ou de cor clara — e acenda a vela de sete dias amarela, oferecendo-a ao povo cigano. Peça às ciganas do amor que ampliem sua conexão consigo mesma(o) e que fortaleçam seu amor-próprio, para que nada nem ninguém a(o) desviem de seu destino.

Atenção: pode realizar o ritual para atrair um amor:

- quem ainda não encontrou o amor;
- pessoas cujo relacionamento esteja passando por atribulações;
- quem acredita que o(a) companheiro(a) não corresponde ao desejado.

Jamais se esqueça de que todo encantamento é magia manipulada de forma positiva e, portanto, não obrigatória, ou seja, irá funcionar se existir dentro do coração e da mente do próximo algum tipo de sentimento por você. Além disso, obrigar uma pessoa a ficar com você pode gerar consequências frustrantes e deprimentes no futuro.

Materiais

- 1 fruta com muitas sementes (melancia, melão, mamão etc.);
- açúcar mascavo;
- açúcar cristal;
- 3 fitas coloridas (amarela, rosa e vermelha);
- 3 velas coloridas (amarela, rosa e vermelha);
- 1 espumante ou chá de erva-doce adoçado;

Preparo

Corte a fruta ao meio, preservando as sementes.

Escreva o nome da pessoa que deseja atrair sete vezes (um embaixo do outro) e, depois, o seu nome sete vezes por cima de cada um dos nomes da pessoa, a fim de se tornar visível e atraente para ela. Dobre bem o papel e coloque-o dentro da fruta.

Adicione uma colher pequena de açúcar mascavo e preencha com açúcar cristal.

Depois, junte as duas metades da fruta e a envolva com as fitas coloridas. Para cada fita, dê um laço e faça um pedido às ciganas encantadas do amor, para que elas permitam e façam com que esse amor seja saudável, positivo e próspero, assim como as sementes que geram novos frutos, e que façam com que a pessoa tenha os olhos voltados para a relação ou para você.

Entregue a fruta aos pés de uma árvore frutífera antiga e acenda as velas. Agradeça e peça novamente às ciganas do amor que, assim como aquela árvore é antiga, firme e frondosa, da mesma forma seja o seu amor. Por fim, derrame em volta a bebida.

Atenção: não deixe nenhum tipo de embalagem no meio ambiente. Faça o descarte correto dos fósforos e da garrafa.

Fase da Lua: cheia ou crescente.
Sabonete indicado: "Explosão do Amor" (*Encantaria da Cigana Íris*).

Ritual para dormir bem

Ainda vivemos as consequências do período de pandemia, quando sentíamos uma energia pesada, bem parecida com a época da Quaresma. Hoje, muitas pessoas passaram a sofrer com depressão, ansiedade e pânico, o que acarreta dificuldades para dormir ou para ter um sono tranquilo.

Assim, esse ritual é indicado para que você consiga dormir com qualidade, sem interrupções, pesadelos ou angústias.

Materiais

- 1 copo com água;
- 1 sodalita;
- 1 lápis-lazúli;
- 1 quartzo-verde.

Preparo

Coloque o copo com a água e as pedras na cabeceira da cama ou próximo a ela.

> **Fase da Lua:** cheia ou crescente.
> **Sabonete indicado:** "Filtro dos Sonhos" (*Encantarias da Cigana Íris*)

Se possível, prepare um altar cigano com pedras, que podem ser conforme sua intuição ou com as seguintes:

- citrino;
- lápis-lazúli;
- pedras do Arcanjo Miguel;
- selenita;
- cristal transparente;
- ametista.

Coloque as pedras em um pote de sua preferência no quarto, pois elas irão funcionar como um filtro energético, criando barreiras para que seu sono não seja perturbado.

Caso a insônia ou o sono conturbado persistam, coloque dentro da fronha uma pedra pequena de cristal transparente e um galho de erva-cidreira, melissa ou camomila.

Ao acordar, devolva o galho à natureza, determinando que com ele se vão todas as angústias e tudo aquilo que o(a) impeçam de ter uma noite tranquila. Repita o processo até que o problema se resolva.

Mantenha o altar com os cristais energéticos, pois ele não impede que se tenha uma vida normal no quarto. As pedras funcionam apenas como um catalizador energético, não como uma divindade.

Ritual para afastar a negatividade

Materiais

- 1 vasilha ou 1 copo;
- turmalina negra;
- sal grosso;
- galhos de arruda;
- pimenta seca;
- 7 dentes de alho roxo.

Preparo

Coloque todos os itens em uma vasilha ou em um copo e deixe na entrada da casa.

Esse ritual também pode ser feito em um saquinho vermelho para ser transportado entre seus pertences, na bolsa ou no carro.

É importante ressaltar que esse ritual afasta as negatividades externas, as que são enviadas por meio de magia negativa ou inveja. Todavia, precisamos atentar às negatividades internas, ou seja, aquelas que, na maioria das vezes, são atraídas por nós mesmos quando reclamamos ou acumulamos coisas e pessoas. Sabemos que existem pessoas tóxicas para a nossa saúde mental e financeira, mas, ainda assim, insistimos nesses relacionamentos e nessas amizades. Nesses casos, é indicado um trabalho de correção comportamental, moral e ética para que o mal se finde.

Atenção: sempre que o alho escurecer, deve ser feito o descarte na natureza.

Fase da Lua: minguante.
Sabonete indicado: "Turmalina Negra" (*Encantarias da Cigana Íris*)

Ritual para ampliar a clarividência

Materiais

— 1 vela branca.

Preparo

Sempre ao amanhecer, acenda a vela e ore para o Arcanjo Miguel e para os ciganos do Oriente. Mantenha a vela acesa enquanto estiver fazendo as orações. Repita quantas vezes forem necessárias.

> **Sabonete indicado:** "Despertar" (*Encantarias da Cigana Íris*)

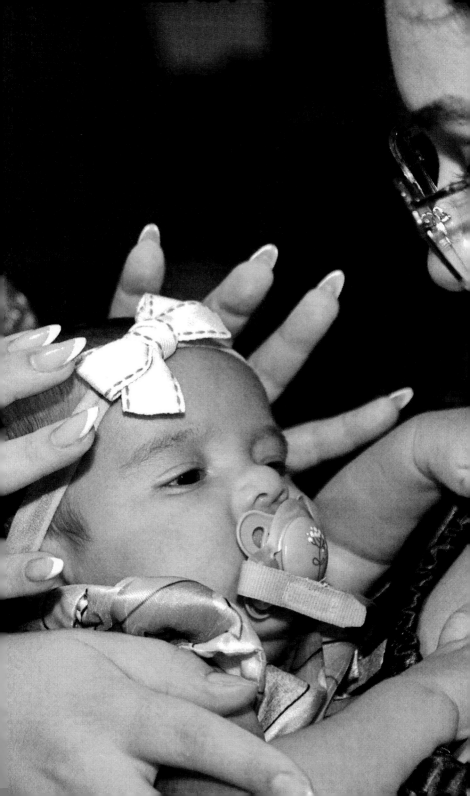

Cerimoniais ciganos

capítulo 9

Entre os cerimoniais ciganos destacamos os benzimentos, os batismos, os casamentos e os velórios.

Benzimento

Devido à perseguição sofrida pelos povos ciganos e à consequente necessidade de estarem sempre se deslocando, eles tinham o costume de adaptar os rituais, conforme as tradições do país onde estavam, provando a imensa disciplina de uma etnia disposta a viver sua fé sem questionamentos. Dessa forma, suas crenças tornaram-se bastante ecléticas.

O benzimento é uma forma de reza e sempre foi uma tradição cigana. É utilizado, principalmente, para a prática de cura, já que os ciganos raramente tinham a oportunidade de receber atendimento médico tradicional.

Para o benzimento, fundamentalmente, são usadas ervas, e os ciganos as manipulam e aplicam de forma bastante particular, pois os quatro elementos — terra, fogo, água e ar — são sempre respeitados. A natureza e suas forças são protagonistas.

Uma característica sentida por aqueles que estão passando pelo benzimento é o fluxo de descarga energética no sentido dos pés. Os ciganos consideram os pés pontos essenciais para o benzimento e direcionam toda a atenção a eles, podendo usar cristais, ervas fortes ou até carvão como aterramento.

Todo benzimento cigano começa com uma reza e a invocação dos(as) ancestrais e seus saberes. É muito comum que se mantenha uma roda de conversa em torno do fogo à luz da Lua ou do Sol.

Cada um faz o benzimento cigano conforme os ensinamentos dos(as) ancestrais, do(a) babá ou da *shuvani*[1] de *tsara*.

---

[1] Conforme explica Lila Menez, "A palavra romani para designar 'bruxa' é *shuvihani* (cujo masculino é *shuvihano*), mas algumas vezes ela é abreviada para *shuvani* e, em certas regiões, a sua referência é *shu'ni*. (Há também uma outra forma que é *chuvihani*.) O significado dessa palavra é 'bruxa', apesar de a sua significação mais antiga ser 'uma pessoa sábia': alguém que possui o conhecimento de todos os aspectos do oculto." Fonte: MENEZ, Lila. Shuvani: bruxa cigana. In: *Orixás e entidades da Umbanda e do Candomblé*. [S. l.], 26 mar. 2018. Disponível em: https://lilamenez.wordpress.com/2018/03/26/shuvani-bruxa-cigana/. Acesso em: 10 jul. 2023. [NE]

Deixo aqui uma oração de presente para que você possa abençoar o próximo;

Salve o povo cigano!
Salve os Ciganos do Astral!
Salve, Santa Sara Kali!
Salve toda a ancestralidade!
Salve as forças da natureza!
Salve os quatro elementos e o homem!
Salve, Arcanjo Miguel!
Salve, Cristo!

Não existe mal que perpetue,
não existe dor que não se vença,
não existe perseguição que não se finde,
não existe perda que lhe pertença!

Rogo às ancestrais que
a força do fogo transforme a dor em lição;
a força do ar leve toda a má sorte;
a força da água purifique cada centelha da existência;
a força da terra o(a) aproprie de toda a boa-sorte.

Que a grande Mãe Terra o(a) guarde!
Que o grande mestre Sol o(a) guie!
E que tudo o que for paz e luz lhe seja entregue
na energia da egrégora espiritual
dos ciganos de luz e amor eterno!

Batismo

Trata-se de uma consagração da criança ao mundo espiritual.

Batismos ciganos são sempre realizados, exclusivamente, nas *tsaras* pela babá, *shuvani* ou *baró* responsável. As ritualísticas podem variar de *tsara* para *tsara*. Todavia, é imprescindível que sejam feitas as seguintes as orações:

- Oração universal;
- Oração a Santa Sara Kali;
- Oração a Nossa Senhora Aparecida.

Em geral, para o ritual, escolhem-se até três casais de padrinhos — um de batismo e dois de consagração —, que têm a missão de orientar espiritualmente, rezar e benzer os(as) afilhados(as).

Durante o batismo, as madrinhas costumam levar uma vela branca de sete dias, sálvia e rosa branca; enquanto os padrinhos têm o costume de presentear os(as) afilhados(as) com colares de pedras e um pequeno punhal. Todos os elementos usados no ritual são guardados em um saquinho branco e, posteriormente, dados à criança.

De acordo com os ensinamentos da Cigana Íris, antes do batismo, deve ser feita uma reunião para que os pais entendam o tamanho da responsabilidade de sua escolha e os padrinhos o de aceitar receber uma pessoa como afilhada, uma vez que, ao longo da vida, padrinhos e madrinhas deverão estar dispostos a entrar em uma guerra espiritual sempre que o(a) afilhado(a) necessitar.

Como precisam estar conectados ao Sagrado para interceder pelos(as) afilhados(as), orienta-se que mantenham uma vela acesa na intenção dos(as) afilhados(as) em um altar cigano, além de receberem outros ensinamentos e orientações.

Na cultura cigana, os padrinhos detêm a guarda dos(as) afilhados(as) no caso de uma eventual falta dos pais.

Casamento

Na cultura cigana, o casamento é uma grande celebração que pode durar até três dias. Na verdade, esse ritual começa com cada detalhe da preparação da grande festa, como o preparo dos alimentos, do bolo e da decoração. Tudo está diretamente ligado ao ritual, nada é por acaso ou preparado por pessoas que não estejam ligadas e sintonizadas com o Sagrado cigano, pois, para os povos ciganos, todo alimento é uma fonte indispensável de magia, reza, benzimento e consagração. Por isso, o preparo do bolo cigano é um grande momento em que esse alimento que será compartilhado é consagrado.

Tradicionalmente, os noivos participam dessa reunião com a família e os amigos. Somente após toda a comemoração é que os noivos se retiram para a lua de mel.

Sobre o ritual feito durante a celebração do casamento, assim como o batismo, ele varia de *tsara* para *tsara*, mas alguns elementos são obrigatórios, como:

- cálice de vinho;
- cálice de água;
- sal;
- açúcar;
- fita vermelha (simboliza o amor);
- broa de milho rodeada por folhas de louro (representa saúde e prosperidade);
- rosas e flores do campo de todas as cores;
- ervas;
- azeite para benzimento (receita estipulada e consagrada pelo(a) cigano(a) celebrante);
- essências;
- incensos.

As alianças devem ser guardadas submersas em um preparo especial.

No casamento cigano, pode haver até cinco casais de padrinhos para cada um dos noivos. Como no batismo, os padrinhos também participam de uma reunião para compreenderem suas obrigações espirituais com os(as) afilhados(as).

Velório

Os velórios ciganos podem ser definidos como despedidas, pois são rituais que envolvem muita emoção e respeito. Os povos ciganos não encaram a morte como o fim ou se esquecem dos que partiram; ao contrário, os ensinamentos dos ancestrais são eternos para eles e considerados valiosos para os mais novos.

É comum que esse ritual aconteça em um campo santo, como uma praia. São acesas velas brancas e, juntos, todos fazem uma oração para celebrar o tempo em que o(a) ancestral esteve em vida. Depois, acendem uma fogueira e jogam nela pétalas de flores e ervas secas, enquanto cantam as músicas que alegravam o(a) ancestral, entregando-o(a) ao universo, pedindo proteção e agradecendo por todo o aprendizado compartilhado.

Ciganos contemporâneos

capítulo 10

Estima-se que, hoje, existam cerca de quinze milhões de ciganos espalhados pelo mundo. No Brasil, o primeiro grupo de ciganos, de maioria calon, chegou por volta do século XVI deportado de Portugal. Os de etnia rom, porém, vieram de forma voluntária a partir da segunda metade do século XIX.[1]

---

[1] As informações deste capítulo foram baseadas no artigo: A SAGA cigana: conheça a história e os segredos do povo mais misterioso do mundo. *Super Interessante*, São Paulo, 31 ago. 2008. Disponível em: https://super.abril.com.br/sociedade/a-saga-cigana. Acesso em: 3 jul. 2023.

Principais grupos ciganos

Os três principais grupos que constituem o que chamamos de "povos ciganos" são os rom (ou roma), os sinti (sinta ou sindi) e os calon (caló ou kalé).

Rom

Esse grupo é predominante nos países balcânicos, principalmente na Romênia, e é o mais estudado pelos pesquisadores. Consideram-se "ciganos autênticos". Falam romani — a mais conhecida das línguas ciganas —, que é uma língua ágrafa, falada por algumas etnias com desenvoltura, enquanto outras conhecem apenas algumas palavras.

São divididos em subgrupos, como kalderash, matchuaia, curcira, entre outros.

Sinti

Esse grupo, também conhecido como manouch, é mais numeroso na Itália, no sul da França e na Alemanha. Falam a língua sintó que, para alguns pesquisadores, é uma variação do romani. Não há estudos que apontem a presença significativa dos sinti no Brasil.

Calon

São os chamados "ciganos ibéricos", originários da Espanha e de Portugal, que se espalharam pela Europa e pela América do Sul, sendo a etnia mais numerosa do Brasil. Falam o caló e são os criadores da dança flamenca. O arquétipo da dançarina cigana que se popularizou é baseado nesse povo.

Os ciganos contemporâneos no Brasil

Hoje, os chamados "ciganos contemporâneos" vivem como qualquer pessoa de outra etnia. Conhecidos pelas habilidades e pela grande desenvoltura comercial, muitos trabalham com a venda e a troca de diferentes produtos e utensílios, mas existem ciganos exercendo todo tipo de profissão.

No Brasil, a maioria dos ciganos reside em áreas urbanas, não em acampamentos. Além disso, existem bairros formados quase que exclusivamente por ciganos, uma vez que, entre eles, é muito forte a cultura de viverem próximos uns dos outros.

Atualmente, outra mudança de comportamento notória diz respeito às mulheres ciganas, que adquiriram autonomia igualitária, pois, antigamente, os ciganos mais tradicionais costumavam ser machistas e cercar o direito de escolha delas.

Como já foi explicado, os ciganos não possuem uma religião — encontramos ciganos em todas as religiões —, mas detêm um conjunto de crenças e princípios próprios.

O estilo de vida desses povos — por serem nômades em uma sociedade sedentária e por não possuírem leis escritas quando todos já as tinham — é um dos motivos pelos quais eram tão malvistos. Além disso, certos rótulos associados aos ciganos são lendas racistas e discriminatórias sobre um povo perseguido que sequer tinha o direito de ocupar um território junto com os seus. Então, esses povos precisaram fugir e viver à margem da sociedade por anos. Poucos foram os países que receberam essa etnia sem exterminar sua população de forma silenciosa e cruel. Na Europa, os ciganos sempre foram alvo de perseguição e esse preconceito foi trazido com os colonizadores para a América. Assim como acontece com nordestinos, negros, judeus, gordos e todas as pessoa que não se encaixam nos "padrões" sociais, há uma infinidade de ideias preconcebidas sobre os ciganos. É preciso que demos voz a esses povos para que o sofrimento, a perseguição, a intolerância e a calúnia sofridos por eles sejam reparados. Contudo, o que mais me intriga é que não se ouve falar sobre essa necessidade de reparação.

Tudo o que os ciganos conquistaram foi por meio de esforços próprios. Com resistência e resiliência, puderam se instalar de forma digna em vários lugares, onde permanecem até hoje. No entanto, ainda existe um preconceito velado e as pessoas ainda os veem como uma sombra oculta marginalizada, mas, na verdade, foi essa sociedade que assim os desenhou, exatamente como fizeram com os indígenas e os escravizados.

Se não fossem os saberes ancestrais, as práticas de conhecimento, o curandeirismo e a alquimia, será que ainda teríamos descendentes para contar a história desse povo? Ciganos são um exemplo de vitória perante a resistência, a luta e a sobrevivência. Chegou a hora de mudarmos como vemos o outro!

Termino este livro com a mensagem de amor tantas vezes repetida por minha amada Cigana Íris:

Amor com amor se dá!
Tudo o que você for capaz de emanar e zelar,
nunca mais o(a) abandonará.

Este livro foi composto com a
tipografia Calluna 11/16 pt e impresso
sobre papel Avena 80 g/m²